AF262151

RECHERCHES

GÉOGRAPHIQUES

SUR

L'AFRIQUE CENTRALE,

D'APRÈS LES ÉCRITS D'ÉDRISI ET DE LÉON L'AFRICAIN,
COMPARÉS AVEC LES RELATIONS MODERNES.

PAR M. LATREILLE,

DE L'ACADÉMIE ROYALE DES SCIENCES, etc.

A PARIS,

DE L'IMPRIMERIE DE Mme VEUVE AGASSE,
RUE DES POITEVINS, N° 6.

1824.

RECHERCHES

GÉOGRAPHIQUES

SUR

L'AFRIQUE CENTRALE,

D'APRÈS LES ÉCRITS D'ÉDRISI ET DE LÉON L'AFRICAIN, COMPARÉS AVEC LES RELATIONS MODERNES (1).

Lorsque je m'occupai de ma Dissertation sur l'expédition du consul Suéton Paulin en Afrique et de la détermination du fleuve *Niger* de Pline, je fus obligé d'étendre ces recherches au Niger des modernes ou le Djaliba. Je fis surtout une étude particulière de l'ouvrage intitulé *Geographia nubiensis*, traduction abrégée, comme on le sait, d'un manus

---

(1) J'ai publié, tout récemment, un extrait de ce Mémoire dans le n° 3 du *Bulletin des Sciences géographiques* de M. le baron de Férussac ; mais sa rédaction ayant été trop précipitée, et m'étant aperçu trop tard que divers points avaient besoin d'être éclaircis ou rectifiés, je me suis déterminé à publier cette Notice, qui, par son étendue, pourra tenir lieu du Mémoire même.

crit arabe du schérif Edrisi ou l'Edricy, qui vivait
dans le douzième siècle. Cet extrait et la description
de l'Afrique par Léon l'Africain ont été long-temps,
quant à l'intérieur de cette partie du monde, l'unique secours des géographes. On n'employa d'abord
que les documens donnés par celui-ci. On voulut
ensuite combiner ceux de l'un et de l'autre avec des
renseignemens postérieurs ; mais comme on n'avait
point saisi l'enchaînement des itinéraires d'Edrisi,
plusieurs des lieux qu'il a mentionnés furent placés arbitrairement sur nos cartes, et quelques-uns
s'y trouvent répétés sous des dénominations différentes. Sur les plus anciennes cartes, le royaume
de Cano de Léon l'Africain ou le pays de Ghana
d'Edrisi est, d'après la marche descriptive de ces
auteurs, celle d'aller d'occident en orient, situé
au couchant de Casena ou Cachenah, et le royaume
de Zeg-Zeg du premier est au sud-est de Cano,
ainsi qu'il l'avait indiqué. Cet ordre est renversé sur
toutes les cartes modernes, qui ne sont en général
que des modifications de celle du major Rennell.
On pourrait, il est vrai, m'objecter la relation du
capitaine Lyon, dans laquelle il est parlé de Kano
situé entre Cachenah et Bornou, à dix journées
(de 26 milles chaque) à l'ouest de celle-ci ; mais la
même relation en nous apprenant que les contrées
de Zeg-Zeg et de Zanfarah sont au sud-ouest de
Cachenah, confirme ce qu'avait dit Léon l'Africain
à l'égard de leurs positions respectives, et l'on doit

simplement en conclure qu'il existe un autre Kano, plus oriental que celui de cet auteur.

Ces erreurs m'avaient frappé depuis long-temps; mais quoique des savans, parmi lesquels je me plais à citer MM. Barbier du Bocage et Walckenaer, eussent accueilli avec bienveillance mes premiers essais géographiques, proposer sur un sujet aussi épineux des changemens et des modifications, me paraissait un acte de témérité, d'autant plus présomptueux en apparence, que l'on est presque toujours tenté de repousser les opinions de ceux qui écrivent sur des matières étrangères à leurs études habituelles; je n'aurais même point pensé à publier ces observations, si quelques-unes d'entre elles n'avaient acquis une sorte de garantie par les découvertes récentes de quelques voyageurs anglais (*Bulletin des Sciences géographiques*, janvier, 1824). La position de Kaugha d'Edrisi, par exemple, une fois déterminée par eux, j'ai eu un point fixe, auquel il m'a été facile de rattacher les autres lieux de ces itinéraires. Peu de temps avant que l'on rendît compte de ces intéressantes découvertes, il avait paru sur l'état de nos connaissances dans l'intérieur de l'Afrique, un ouvrage, celui de M. Walckenaer (*Recherches géographiques sur l'intérieur de l'Afrique septentrionale*, 1821), qui, par l'ensemble des matériaux qui ont servi à sa composition, la sagacité avec laquelle ils ont été discutés, les itinéraires curieux qui le terminent, m'a tenu lieu, quant à mon sujet, d'une sorte de bibliothèque générale, et m'a ainsi fourni le moyen d'établir une concordance entre les anciens géographes précités et ceux des temps modernes.

« Du côté de l'ouest, nous dit-il (*pag.* 173), les découvertes européennes se sont arrêtées à *Silla*, dans l'état de *Massina*, à 3º de longitude à l'occident de Paris : du côté de l'est, à *Cobbé*, dans le Darfour, à 26º de longitude à l'orient. »

Tel était aussi, quant aux contrées occidentales de l'Afrique, vers le milieu même du seizième siècle, le terme des connaissances géographiques des Arabes, puisque, d'après les recherches de M. Sylvestre de Sacy (Walck. *ibid. pag.* 33), elles ne s'étendaient pas au-delà du royaume de Jenné (Guinée) ou Djennawa, c'est-à-dire, le Ginné de nos cartes, à dix journées au sud-ouest de Timbouctou. Établir, au moyen des itinéraires du géographe de Nubie, une communication suivie entre ces deux points extrêmes, faire connaître ces routes et leurs embranchemens, déterminer les lieux de passage et leur correspondance nominale, présenter ainsi pour l'Afrique centrale les élémens positifs d'une nouvelle carte, voilà l'entreprise que j'ai formée et qui sera l'objet de ce Mémoire.

Deux itinéraires d'Edrisi, l'un partant de Nuabia, sur les bords du Nil, l'autre de Kaugha, nous conduisent à Ghana, et de là à l'île Oulil ou Ulil, célèbre par une saline, unique dans tout le pays des

noirs, située non loin du rivage d'une mer (intérieure ou lac), et sur laquelle, avant que d'y arriver,
on navigue un jour ; le Nil des nègres a son embouchure dans cette mer. D'autres routes, mais com-
mençant au nord ou au nord-est de l'Afrique, et
traversant le Sahara, aboutissent encore à Oulil. La
plus occidentale part de Segelmassa ou Sidjilmessa,
passe par Areke, l'Akka des modernes, et ensuite à
Azca, dont la position semble coïncider avec celle
des Touadeny. Les autres routes, ou celles du nord-
est, nous offrent pour point initial soit Santarie ou
Santaryah, aujourd'hui Syouáh, soit Germa, l'ancienne métropole du Fezzan (le Pharan d'Edrisi),
et qui, selon M. Walckenaer, correspondrait à
Oubari, et d'après nous à Mourzouk. Adagost ou
Agadès, Nebrina, à l'ouest de la précédente, et
que nous retrouvons dans Tareknah, pays des
Touariks, sont sur les routes, qui, de même
que celles dont nous avons parlé, ainsi qu'une
autre venant de Sidjilmessa, se réunissent à Ghana.
En allant de ce lieu à Oulil, et par la route de
terre, on rencontre Audegest, ou un autre Agadès,
mais à huit journées de Timbouctou. Des intérêts
commerciaux bien supérieurs à celui du sel devaient
être le but de voyages aussi lointains et aussi péril-
leux. Il ne fallait rien moins que la soif de l'or et
le desir ardent de se procurer des substances pro-
pres aux contrées intérieures de l'Afrique, qui pus-
sent être le mobile de semblables expéditions, et

l'on aurait dû présumer que, d'après la force des habitudes et la nature des circonstances locales, Timbouctou avait été fondée dans le voisinage d'Oulil. On a bien senti toute l'importance de la détermination de cette localité. *Gravis igitur oritur quæstio, ubi quærenda sit insula Ulil,* dit Hartmann, dans son excellent ouvrage sur l'Afrique d'Edrisi (*seconde édition, pag.* 49). Mais jusqu'à ce jour cette difficulté n'avait pas été résolue, et loin de chercher Oulil dans quelque point occidental de l'Afrique, position clairement indiquée par tous les itinéraires de ce géographe, c'est vers le centre de cette péninsule qu'on a généralement cru qu'elle était située. Selon Hartmann, c'est dans un lac qu'il prend pour le *Nigrites Palus* de Ptolémée, et sur les bords duquel serait Ghana ; d'autres la placent dans une grande mer intérieure et fictive, appelée *mer de Nigritie.* Nous allons voir que les itinéraires d'Edrisi aboutissent près de Timbouctou, dans ce pays de Ginné ou Djinne, le Ginea ou Guinée de Léon l'Africain, si renommé par le commerce qu'y faisaient les Portugais, l'Ophir de cette partie de l'Afrique, *Blid-el-Tibbr,* ou la contrée de l'or.

Edrisi plaçait l'île Oulil à peu de distance d'un lac où, d'après son opinion, le Nil des nègres allait se décharger. Il faut que M. Pinkerton ait été bien entraîné par l'esprit de système, pour avoir pu avancer que ce géographe n'avait point connu le Niger, et que le Nil des nègres, avec tous les pays riverains et l'île précédente, devaient être reportés entre l'Atlas et le grand désert, ou sous ce parallèle. Une simple lecture du passage (*Geog. nub. pag.* 15, 17) où Edrisi parle de l'origine du Nil, de son partage en deux fleuves, l'un coulant vers l'ouest, arrosant presque tout le pays des noirs et appelé pour cette raison le *Nil des nègres*, l'autre parcourant la Nubie, l'Egypte, et formant le Nil proprement dit ; la comparaison de ce passage avec celui de Léon l'Africain, où il rapporte les diverses opinions sur l'origine du Niger, et suivant l'une desquelles ce fleuve viendrait d'un lac formé par le Nil et se cacherait ensuite pendant un certain espace sous terre ; la similitude de rapports que nous offre la description qu'il fait des pays situés sur le Niger avec celle des contrées littorales du Nil des nègres d'Edrisi, repoussent évidemment l'opinion du géographe anglais.

L'un des itinéraires d'Edrisi commence, comme nous l'avons dit plus haut, à Nuabia, qui devait être une ville ancienne, s'il est vrai, ainsi qu'il l'avance, qu'elle eût donné son nom à la Nubie. Il parle avec détail (*pages* 15 *et* 17) de la navigation du Nil, de ses cataractes, des lieux placés sur ses bords, notamment de Dancala ou Dongola, de manière que nous pouvons fixer, sans craindre de nous éloigner beaucoup de la vérité, la position de Nuabia. Elle était sur le bras occidental de ce fleuve, dans le voisinage de Meroë et des lieux de passage appelés

*

Chendi, *Gerri* et *Emdourmân*. Du dernier à Zeghawa, dans le Darfour, la distance en ligne droite est d'environ 4° 33′ : c'est dix-huit journées de marche de 15 milles géographiques chaque. Le Tagua d'Edrisi, situé à l'ouest de Nuabia et en étant éloigné d'un pareil nombre de stations, représente donc Zeghawa, ou le Zaghawah d'Ibn-Haukal, distant de deux mois de chemin de Fezzan. Le nom de Tagua ou Tzagoua n'est d'ailleurs qu'une légère modification du précédent ; les géographes n'ont point reconnu cette identité, et nos cartes offrent à cet égard un double emploi.

La longitude de Zeghawa étant d'environ 25° 40′ à l'est du méridien de Paris, nous porterons celle d'Emdourmân à 3o° 2o′ ; sa latitude sera d'environ 16°, au nord de l'équateur. De Zeghawa à Wara, capitale du Bergou, il y a, selon Browne, treize journées et demie de 15 milles. De Tagua à Mathan, à l'ouest, séjour de l'Empereur ou du Sultan du pays, treize stations, suivant Edrisi. Ces nouveaux rapports confirment les déterminations précédentes.

Continuant de suivre cet itinéraire, en passant successivement par Tamalma, éloignée de Mathan de douze stations, et par Kucu, à quatorze du lieu précédent et à quarante-cinq de Ghana, nous compterons cent deux journées de marche entre Nuabia et Ghana ; ensuite de cette ville à Oulil, quarante-deux, savoir : douze stations de Ghana à Berissa, autant de celle-ci à Tocrur, deux de Tocrur à Salla, tant par terre que par eau, et seize de Salla à Oulil. Ainsi, le nombre des journées de marche de Nuabia à Oulil est de cent quarante-quatre. D'après ce qu'Edrisi nous apprend de la situation de cette île, c'est vers le cours supérieur du Niger, et dans un lieu où ses eaux se mêlent avec celles d'une mer intérieure ou d'un lac, que nous pouvons la retrouver. Une autre condition à remplir, est que ce lieu soit distant d'un mois de chemin d'Agadès (Edrisi, Ibn-Haukal), et de quinze journées de plus (45, Ibn-Haukal, environ 40, Edrisi) de Sidjilmessa. Le major Rennell évalue les journées de marche de caravanes de long cours, en les réduisant à une ligne droite, à treize milles géographiques. M. Walckenaer les porte à quinze, et cette estimation nous paraît généralement la meilleure. Dans cette supposition, le chemin parcouru dans cet espace de cent quarante-quatre journées formerait en ligne droite un arc de cercle de 36°, et l'extrémité mobile de cette ligne tomberait près de Sego, 7 deg. environ à l'ouest du méridien de Paris. L'état des lieux ne satisfait point aux données du problème. L'on voit cependant qu'il peut nous conduire à sa solution, puisqu'en nous reculant un peu à l'est, nous voyons le Niger sortir, à peu de distance de sa source, du lac Debbie, et que ce lac est contigu à une île, celle de Djinbala ou île des Noirs, très-voisine de Timbouctou. En admettant, à l'égard des journées de marche, l'évaluation du major Rennell ; la distance de Nuabia à Oulil ne sera plus que de 31° 12', et c'est exactement celle d'Emdourmân à l'île Djinbala. Ghana est éloignée de Nuabia de cent deux journées, qui, à raison de quinze milles chaque, représentent un arc de 25° 30' ; il est positivement la mesure de la distance, en ligne droite, d'Emdourmân à Haoussa ; dès-lors, nonobstant cette différence nominale, ces lieux se confondent, et le Cano de Léon l'Africain est bien le Ghana d'Edrisi. De ce lieu ou d'Haoussa à l'extrémité méridionale de l'île Djinbala ou au nord du lac Dibbie, sur les confins du territoire de Massina, 2° 30' environ à l'ouest du méridien de Paris, la distance est de 7° ou de quatre cent vingt milles. Les quarante-deux journées d'Oulil à Ghana ne sont donc que de dix milles, ou équivalent à vingt-huit journées de quinze milles, qui, ajoutées aux cent deux comprises entre cette dernière et Nuabia, font un total de cent trente journées ou de dix-neuf cent cinquante milles ; la distance de Nuabia à Oulil sera ainsi réduite à 32° 30'. D'après Ibn-Haukal, il y a de Ghanah à Kaugha, un peu moins de trente journées, et suivant Edrisi, presque quarante-cinq ; l'estime de ces journées est ainsi dans le rapport de 2 à 3, c'est-à-dire, que celles du premier sont de quinze milles, et celles du second de dix. Kaugha est Kouka, située près des rives occidentales du lac Tsaad, et dont MM. Oudney, Denham et Clapperton ont ainsi déterminé la position : longitude (réduite au méridien de Paris), 11° 21'; latitude, 12° 51'. De là à Houssa ou Ghana, il y a environ 7 deg. et demi, ou 450 minutes de distance, ce qui répond à quarante-cinq journées de dix milles ou à trente de quinze milles. On réduirait un peu cette distance, si, comme nous le pensons, Haoussa devait être un peu plus rapprochée de l'équateur qu'elle ne l'est sur nos cartes.

Quant aux journées de marche de Sidjilmessa et d'Agadès à Oulil, il faut, d'après l'enchaînement des itinéraires, les évaluer à vingt milles. La longitude de Mourzouk n'étant plus, d'après de nouvelles observations, que de 11° 44', au lieu de 13° 32' qu'on lui avait assignée, et sa latitude ayant été aussi un peu abaissée, ces rectifications doivent nécessairement influer sur la position d'Agadès, telle qu'elle est sur nos cartes. Sa longitude sera réduite à 7° 30', et sa latitude sera d'environ 19° 15'. Cette détermination est le résultat de sa distance à Haoussa, à Cachenah, à Oulil et à Sous, qui est, suivant Ibn-Haukal, de deux mois de chemin ou de 15° (à raison de quinze milles la journée). Akka, Draha, et Sidjilmessa même, à une légère différence près, étant éloignées de Timbouctou de quarante-trois journées de marche de vingt milles chaque, la longitude de cette ville, ce qui d'ailleurs s'accorde bien avec la distance de

Sidjilmessa à Oulil, ne sera guère que d'un degré et dix minutes à l'ouest du méridien de Paris (1). Cette position est encore établie sur la distance du même lieu à Bornou, indiquée par Hadji-Hamet (Walck. *ibid. pag.* 160). Timbouctou en est éloignée de quarante-cinq jours de marche. Il en compte vingt-huit (2) du même point de départ à Cachenah, cinq de cette ville à Cano, et douze de celle-ci à Bornou. En comparant cet itinéraire avec ceux du capitaine Lyon, à l'égard des distances de cette ville à diverses autres, et dans lesquelles les journées de marche sont généralement de vingt-six milles, je trouve que celles de l'itinéraire de Hadji-Hamet doivent être de vingt-un milles deux tiers ; alors les quarante-cinq de Timbouctou à Bornou (3) donneront 16° 15′ ; c'est,

---

(1) 2 deg. 42 min. selon M. Walckenaer.

(2) Les rapports de distances indiquent ici une erreur ; c'est vingt-six au lieu de vingt-huit.

(3) Cette mesure et les distances de Birnie-Djidid ou la capitale du Bornou à divers lieux, connues par la relation du capitaine Lyon (Walck. *ibid. pag.* 501) sont inconciliables avec la position assignée à Birnie, sur la carte de M. Jomard, établie sur les nouvelles découvertes de MM. Oudney, Denham et Clapperton. Cette ville est située sur un lac (Tsaad) ; très-près de Kouka, le Káugha d'Edrisi, qu'il dit être située sur la rive septentrionale d'un lac d'eau douce. Il n'est pas d'ailleurs fait mention que Birnie soit sur une rivière. Elle répondrait au Birney de M. Burckhardt, placée de même sur le bord occidental d'un lac, celui de Nou. La ville de Bornou de Browne est traversée par une petite rivière qui va se jeter dans le Bahr-el-Ghazel. Kucu d'Edrisi est pareillement située sur une

à l'excédant de quelques minutes près, la distance
de ces deux villes, en supposant la longitude de la
dernière d'environ 15° 10', et sa latitude de 16° 20'.
Nous fondons ce calcul, 1° sur ce que Bornou, située
sous le parallèle de Cachenah et de Wadey, capitale du Bergou, est éloignée de l'une et de l'autre de
seize journées de marche de vingt-six milles (1), ou

---

rivière venant du nord, et d'après ses conjectures se dégorgeant
dans un lac. Bornou, selon nous, est à 7 deg. 20 min. de Cachenah. Sur la carte de M. Bowdich, elle en est éloignée d'environ
8 deg., 40 min. Mallaghée ou Kano de M. Lyon (Walck. *ibid.*
pag. 501) est à près de 6 deg., 20 min., à l'ouest. Suivant celui-ci,
Kano est à dix journées de Bornou, qui, d'après l'estime de vingt-six
milles chaque, feraient 4 deg., 20 min. Je suis d'avis que, malgré
ces différences, la ville de Bornou de M. Bowdich est encore
celle que Hadji-Hamet et Browne nomment ainsi, et dès-lors
Birnie-Djidid ou la nouvelle Bornou de M. Lyon. Quant à la vieille
Birnie ou l'ancienne Bornou, cette ville étant à cinq journées de
la précédente, à l'est, est peut-être la même que Kottocomb.
Le Tzâd ou Tschad (le Misselâd de Browne) coule entre elles,
et va se perdre dans le lac portant ce dernier nom. La rivière de
Bornou proprement dite et le Bahr-el-Ghazel seraient des affluens de
la précédente. La rivière sur laquelle Kucu est située vient du nord,
suivant Edrisi : ce serait alors l'un des affluens du fleuve Shary de
Burckhardt. L'Yáou (Walck. *ibid. pag.* 502 et 503), rivière du
pays de Kanem, coulant du sud-ouest au nord-est, pourrait ap-
partenir à un autre Wadey, celui de Kowars, dont la capitale est
Wara (la troisième de ce nom) ou Mpdé.

(1) Elles équivalent presque à vingt-huit journées de quinze
milles. De Mathan à Kucu il y a, suivant Edrisi, vingt-six stations. De Wara à Bornou, Browne en compte, en passant par Dar-

se trouve à moitié chemin ; 2° sur sa distance de Mourzouk, évaluée à quarante journées de quinze milles chaque.

Dans ses éclaircissemens géographiques sur le voyage d'Hornemann, le major Rennell avait admis en principe général, que les journées de marche des itinéraires d'Edrisi étaient de dix-neuf milles. Nous les avions d'abord portées à vingt (*voyez* le *Bulletin des sciences géographiques* du *Journal de M. le baron de Férussac*, n° 3) ; mais nous avons ensuite reconnu que cette échelle, du moins relativement à la partie de l'Afrique dont nous nous occupons, était erronée, et que ces journées doivent plus généralement être réduites à quinze milles. Les quatre-vingt-dix journées de navigation sur le Niger, que feu M. Bowdich compte entre Cabra et le lac Caudi, ou plutôt celui de Fittré, embrassent une étendue d'environ 21° de grand cercle : ce qui ferait, pour chacune d'elles, quatorze milles ; Cabra étant à 5° environ de distance d'Haoussa, les quarante-cinq jours de navigation compris entre ces deux points supposent une réduction de moitié. Il est enfin des itinéraires pour lesquels il faut admettre des journées, réduction faite, d'environ douze milles ; tel est celui de Mourzouk à Cachenah, de cinquante-six journées de marche ; on voit

---

Couka et le lac Fittré, 36 et demie ; mais cette route est plus longue de huit journées que celle qui va directement à Bornou.

même qu'en hiver, ces journées n'allaient pas au-delà
de dix milles.

Dans l'extrait que j'ai publié de ce Mémoire,
j'avais essayé de faire une application de ces mesu-
res à la géographie ancienne de ces contrées, et
j'avais supposé que Ptolémée avait eu connaissance
des peuples riverains du Niger. J'avais cru trouver
dans le mont *Dauchis* de ce géographe, la chaîne des
montagnes où les fleuves de la Sénégambie et le Niger
prennent leur source, et partant de cette idée j'en
avais conclu qu'il avait connu l'itinéraire qui con-
duit de *Nuabia* aux contrées occidentales de l'Afrique, mais qu'il avait augmenté la longueur de cette
route d'un cinquième de trop, en estimant les journées à environ dix-sept milles et demi. J'avais
cherché, en opérant la réduction convenable, à
déterminer la position des peuples qu'il nomme
Africerones et *Aganginæ*. Les premiers au-
raient été placés sur les limites orientales du Soudan, et les seconds représenteraient le peuple de
Ghana ou les Houassiens. Mais ces idées hypothé-
tiques, opposées d'ailleurs à celles que nous avions
nous-mêmes émises dans notre dissertation sur l'expédition du consul Suétone Paulin en Afrique, nous
paraissent aujourd'hui devoir être rejetées. Ces
erreurs tiennent à une question que nous n'avions
pas encore examinée, celle des expéditions militaires
en Éthiopie de Septimius Flaccus et de Julius
Maternus, dont Ptolémée (*Prolégomènes*) avait e

connaissance par l'ouvrage de Marin de Tyr.
M. Walckenaer a traité ce sujet dans le livre qu'il a
publié sur l'intérieur de l'Afrique septentrionale et
qui m'a été si utile. Il fallut à Septimius Flaccus
trois mois pour aller du pays des Garamantes dans
celui des Éthiopiens. Julius Maternus, pour une
semblable expédition, en employa quatre, parce
que son point de départ, la grande Syrte (*Leptis
magna*), est à un mois de chemin de *Garama* (*Garama metropolis*, Ptol.), capitale des Garamantes.
Le pays d'Agysimba, en Ethiopie, fut le terme de
sa course. Les quatre mois ou les cent vingt jours,
d'après l'estime moyenne de quinze milles par journée de marche, supposeraient une distance de 30°
d'un lieu à l'autre. La grande Syrte étant à 31° de latitude nord, si la route était entièrement au sud, on
serait arrivé à un degré d'éloignement de l'équateur,
ce qui est contre toute vraisemblance. D'après la position que j'assigne aux Garamantes et à la contrée
d'Agysimba, ces difficultés s'expliquent très-natu-
rellement. Les Garamantes (*voyez* Ptolémée) oc-
cupaient de l'est à l'ouest le Bilmah, le Fezzan, le
pays compris entre le précédent et celui d'Asben au
sud, jusqu'aux limites orientales du Sahara, ou
l'Ethiopie intérieure de Ptolémée (1). Leur capitale,
Garama (Germa, Edrisi), est Mourzouk, ainsi que

____

(1) Il me paraît que parmi les montagnes qu'il place dans son
intérieur, il y en a qui représentent des oasis.

l'indique sa position et sa distance de Sebhâ, le *Sebœ*
de Ptolémée (*voyez* pag. 30). De l'extrémité occidentale du pays des Garamantes ou des confins du désert
à la grande Syrte, il y a trente jours de chemin, et la
direction de la route est effectivement presque entièrement sud (sud-sud-ouest). Mais je pense que l'on
allait ensuite à l'ouest, et que l'on traversait une
grande partie du désert. Le pays d'*Agisymba* étant
éloigné du précédent de trois mois de chemin, ou
de 20°, se rapprocherait de la Sénégambie supé-
rieure, et serait représentée par le Gualata ou par le
pays d'Abbusabah, contiguë à l'ouest au précédent.
Nous retrouverions les *Aganginœ*, nom qui nous
rappelle celui d'Azanagas, peuplade de ces contrées (1), dans les Tarrassas et les *Africerones*
dans les Touâts. *Berditus Mons* pourrait être Tau-
deny. Les *Mimaci*, les *Gongalœ*, les *Nanosbes*, seraient des peuples de la partie orientale du Sahara.
Nous voyons par un extrait des itinéraires d'Ibn-
Haukal (Walck. *ibid. pag.* 476), qu'une route
partant de Sous et passant par Sadjalmâsha ou Sidjilmessa, conduisait à Aoudagost ou Agadès. De-là
on pouvait aller dans le Bornou, le Bergou (*Asaracœ?*
Ptol.) et gagner l'Ethiopie nilotique, ou celle qui est

---

(1) Voyez aussi dans Léon l'Africain d'autres noms analogues,
Zenega, Zuenziga, etc. Le but de ces expéditions était de châ-
tier ces peuples, qui, alors comme aujourd'hui, infestaient ceux
du nord de d'Afrique.

au-dessus de l'Egypte. Ce sont ces deux routes qui me paraissent former au sud-ouest, au sud et au sud-est, les limites des connaissances géographiques des Anciens.

Trompé par quelques similitudes de noms (lac Vadh, lac Coudh, Bargou, Couk, etc.), j'avais d'abord cru qu'il y avait eu une transposition dans le titre de l'itinéraire n° IV de l'ouvrage de M. Walckenaer, et qu'il fallait lire : itinéraire de Houssa à Gaudja, ou Kaugha, et que comme sur la carte de M. Jomard, relative aux nouvelles découvertes faites en Afrique, une rivière appelée *Shary*, prend sa source dans une chaîne de montagnes granitiques au sud du lac Tsaad et va se perdre dans ce lac, le lac Schar de cet itinéraire était celui d'où partait cette rivière. Mais j'ai reconnu depuis que je m'étais mépris, et en comparant les itinéraires de Browne (*Voyage dans le Darfour*) avec le précédent, il m'a paru que le lac Schar était celui de Fittré, et celui de Schad du même itinéraire, n° IV, le lac que ce voyageur nomme *Birket-el-Rumli*. Suivant cet itinéraire, la branche principale ou la mère de l'eau de Coudha (le Niger ou le Kolla) y entrerait.

Oulil, Salla, Tocrur, Dau, Berissa et Mura appartiennent, suivant Edrisi, à la division du pays des nègres qu'il nomme *Meczara*. Le Niger, près de Timbouctou, porte un nom très-analogue, celui de Marzarah, qui, ainsi que ceux de Gnewa, de Djin ou Ginn, Takzour, Soudan, etc., ont, en divers idiômes, le même radical, noir ou noirceur. Sur une ancienne carte citée par M. Walckenaer (*pag.* 19), le mot Sudan remplace celui de Ginn ou de Meczara. Nous présumons que la dénomination d'*Oulil* dérive de celle d'Oulalo ou Oulili (1), propre à une tribu d nègres de la Sénégambie. On retrouve encore dans le langage des Touariks des noms analogues. Ceux de Tombut, de Togruri, d'Yaouri, celui encore d'Homani, que se donnent les Foulhas, paraissent indiquer une origine asiatique. Plusieurs usages de quelques-uns de ces peuples viennent à l'appui de cette opinion. Léon l'Africain nous dit que l'on fait dans le royaume de Guber des chaussures parfaitement semblables à celles que portaient les anciens Romains. Les habitans de Malel et de Dau étaient juifs. (*Geog. nub.*, *pag.* 8.)

Le pays de Ginne ou Guinée (Léon Afric. *Africæ descript. Elzev. pag.* 640 et 641), forme à l'époque des inondations et pendant trois mois de l'année, une île où les habitans de Timbouctou se rendent avec leurs barques. Puisque, suivant Edrisi, on naviguait pendant un jour sur le lac, près du rivage duquel était située l'île Oulil, celle de Jinbala étant sur nos cartes entre Timbouctou et le lac Dibbie, Oulil doit être soit à l'ouest (pays de Massina), soit

---

(1) L'or que vendent les nègres est renfermé dans des sacs de peau; il paraît que le mot *ouallen* signifie cuir. (Walck. *ibid.* pag. 423.)

au sud de cette mer intérieure. Pour prononcer à cet égard, il faudrait avoir une bonne topographie de ces contrées.

Les distances données par Edrisi de Malel, de Ghanara et de Berissa à Ghana, de celle-ci à Auda-gost et à Audegest, de Ghanara à Reghebil, et de celle-ci à Secmara (Cachenah); celles encore de Kaugha à Kucu, de Mathan à Angimi, d'Angimi à Zaghara, et de Somna à Tagua, nous indiquent des embranchemens des routes principales.

Des dénominations différentes appliquées au même objet, celles du Niger, par exemple, ou leur emploi collectif, jettent ici une grande confusion. Je citerai pour preuve le mot de Wara ou Ouara; il est évident qu'il est commun à trois villes appartenant à autant de Wadeys ; l'une est dans le Kouars, partie septentrionale du Bornou (Walck. *ibid. pag.* 499) ; l'autre est dans le Bergou ou le Dar-Saley ; la troisième est au sud du lac Fittré (*ibid. pag.* 500).

Il m'eût été facile de donner beaucoup plus d'étendue à ce travail ; mais j'aurais sacrifié un temps que je dois consacrer à d'autres études, et d'autant plus précieux pour moi, que je suis plus près du terme de ma carrière.

Si ces vues sont utiles, les géographes de profession sauront bien en profiter, et beaucoup mieux que je ne pourrais le faire.

TABLEAU GÉOGRAPHIQUE,

ANALYTIQUE ET COMPARATIF

DE

L'AFRIQUE CENTRALE,

DEPUIS LE NIL JUSQUE PRÈS DES SOURCES DU NIGER,
D'APRÈS ÉDRISI ET LÉON L'AFRICAIN.

I. *Pays situés au midi du Sahara.*

A. *Depuis les sources du Nil des Nègres (Niger ou Djalli-Bâ) jusqu'à son embouchure dans le lac Tsaad ou la mer du Soudan, exclusivement.*

a. *Niger supérieur.*

* *Le long ou au sud du Niger.*

† *Meczara (synonyme de Soudan, ou pays des noirs).*

Ile OULIL ou ULIL. Ile Djinbala (île des noirs), ou son point de réunion avec le territoire de Masina et le lac Dibbié, à 2° 30′ à l'ouest du méridien de Paris.

Portion du royaume de Gine ou Genni (autrement *Gheneoa*) de Léon l'Africain, contiguë au royaume de Timbouctou.

(24)

Salla. Sala (*Relation du cap. Lyon.* Walck. *ibid. pag.* 511.)

Gaw, Googara de Bowdich, Housa.

Le méridien de Paris passe entre cette ville et la suivante.

Tocrur. Tocrour, Koolmanna de Bowdich.

> Royaume de *Gago* de Léon l'Africain.

Mara. Mara? Niebhur.

†† *Lamlem* (Yemyem.)

Malel. (1er climat, partie 1.)

Dau. Dollooe de Bowd.

Berissa. Cabi de Bowd., 2° 10′ environ, à l'est du méridien de Paris.

> Partie du royaume de Melli de Léon l'Africain, à l'orient de la Sénégambie.

** *Pays de Ghana* ou *d'Haoussa, au nord du Niger; la province de Cano de Léon l'Africain* (1).

Audegest. Agadès de l'itinéraire d'Hadji-Mohammed; Scholoki ou soudah de celui de Mohammed, fils de Foul (2); à douze journées au nord de Berissa, suivant Edrisi.

----

(1) Confondue par la plupart des géographes modernes avec une autre *Cano*, située entre Cachenah et Bornou. Voyez *Semegonda.*

(2) La distance de Timbouctou à Haoussa, donnée par cet itinéraire, peut être évaluée à vingt-quatre journées moyennes d'environ quatorze milles chacune.

GHANA. Cano, Haoussa ou Ouassanah, Humbri, à 4° 10′ à l'est du méridien de Paris, divisée en deux villes situées sur le bord d'un lac. Son souverain, au rapport d'Edrisi, descendait, à ce que l'on croyait, de Saleh, fils d'Abdalla, fils de Hasan, fils d'Hosain, etc.; et de là peut-être l'origine des divers noms de cette ville, ainsi que de Salla ou Housa, près de Timbouctou. Le palais du soudan avoit été bâti l'an 510 de l'hégire, sur le Nil ou Niger, ou du moins sur l'un de ses bras.

MALEL (2ᵉ partie du premier climat). Gamhadi ? Bowd.; Gouberr ? dans le pays de Guber de Léon l'Afri-cain. Il était couvert d'eau dans le temps des inonda-tions du Niger. On peut avoir donné le nom de *lac du Soudan* ou de *Nyffé*, soit à ce territoire lorsqu'il était dans ce cas, soit au lac de Ghana. D'après la relation du capitaine Lyon, Noufi étant à vingt journées à l'ouest de Cachenah, c'est vers Malel que seraient les limites orientales de ce pays.

> b. *Nigèr inférieur*, ou *le Wancara* (Ouangara) *d'Edrisi ; les pays désignés par Léon l'Africain sous les noms de Casena, de Zeg-Zeg, au sud-est de Cano, de Zanfara & Gnangara ; les contrées de Kallaghée, Fillane ; Zanfarra, Goobirree, Yawoura, Nouffie, Boussa, Rakkah, Atagara de Bowdich.*

Le Wangara commence vers le cinquième degré et demi à l'est du méridien de Paris, forme une île de trois cent milles de long, et qui doit ainsi se terminer près du 11ᵉ degré. Parmi les peuples qui l'habitent, il y en avait de blancs (les *Foulles*) & presque semblables, pour les traits et la figure, à un autre peuple que Boubeker a vu dans le pays de Barbara. (*Voyez* le Voyage de Browne, traduction française, *tom.* 2, *p.* 326.)

GHANARA sur le Niger. Yaoura. Sakkatou?

TIRCA. Kallaghée? Bowd.; Kika? Walck. *ibid.* *pag.* 72.

MARASA........ canton de Maradi? Walck. *ibid.* *pag.* 5o8.

SECMARA. Cachenah ou Cassina; Cathir ou Cathin de l'itinéraire de Gaudja ou Gamba à Haoussa, Walck. *ibid.* *pag.* 453; à 8º environ à l'est de Paris, latitude 15º et quelques minutes. Le cours du Niger est ici trop élevé sur nos cartes. Les journées de cet itinéraire, depuis Coudha jusqu'à Vadaï, sont de dix milles; les cinquante-trois de Vadaï à Masr ou au Caire, sont de dix-huit milles.

REGHEBIL, sur un lac, portant sur quelques cartes le nom de *mer de Nigritie*, au sud et à six journées de la précédente. Yagouba? Lyon; territoire de Rakkah. Bowd.

SEMAGDA ou SEMEGONDA, sur un lac. Kano, à dix journées (de vingt-six milles chaque) à l'ouest de Bornou ou Birnie-Djidid. (Walck. *ibid. pag.* 5o1; Mallaghée, Bowd.; Caw ou Caï, de l'itinéraire de Gaudja à Haoussa.

KAUGHA. Kouka, de la carte de M. Jomard (*Aperçu des découvertes*, etc.); Gonja ou Gonga, de la relation du capitaine Lyon; Ghinea de Shabéeny?, Walck. *ibid.* *pag.* 172.

B. *Depuis le lac Tsaad, ou mer du Soudan, inclusivement jusqu'au Nil.*

   a. *Le pays de Kanem d'Edrisi, ou le royaume de Bornou de Léon l'Africain, ayant cinq cents milles de l'ouest à l'est.*

     * *Route du nord, partant de Nuabia et conduisant à Ghana.*

KUCU, à vingt journées, vers le nord, de Kaugha, sur une rivière venant du nord et se perdant, suivant les présomptions d'Edrisi, dans un lac; Bornou ou Birnie-Djidid de Lyon; Bornou de Browne.

TAMALMA, dans le Kowars, suivant Edrisi, peu éloignée de la capitale du Baghermi.

MATHAN. Wara, dans le Bergou ou Dar-Saley; Marandah? d'Ibn-Haukal, à un mois de chemin de Koukou, et à deux mois de Zawylah ou Syouâh (1).

Il y a un autre Wara, mais dans la partie septentrionale du Bornou; on l'appelle aussi *Mpdé.*

     ** *Route méridionale conduisant à Kaugha, et ensuite soit à Ghana, soit au sud du Niger, par Cachenah ou Secmara.*

DAMOCLA, à un mois de chemin de Kaugha; Wara?, à cinq jours de Moudago, au sud-ouest, dans un

---

(1) Ce n'est point Zouylah dans le Fezzan, puisque d'après cet itinéraire il y a de-là à Adjoudabiah ou Audjelah dix stations, et de ce lieu au Fezzan quinze.

wadey formé par un prolongement du Niger au-delà du
lac Tsaad et quelques autres rivières.

Lac Schar, itinéraire de Gaudja à Haoussa. Lac
Fittré, d'après la relation du capitaine Lyon; Kouka
ou Dar-Couka, situé au sud de ce lac, est à quinze.
journées (vingt-six milles) de Bornou, au sud-est;
ce lac et Kouka doivent dès-lors être plus au sud
qu'ils ne le sont sur nos cartes.

Lac Schad, *ibid.* La branche principale de l'eau de
Coudha ou du Niger y entre; lac Birket-el-Rumli de
Browne.

Sources du Niger, suivant Léon l'Africain, dans le
désert de Set ou Seu, à environ cent cinquante milles du
royaume de Bornou.

Source commune du Nil des nègres et du Nil proprement dit, suivant Edrisi, dans un grand lac sur lequel
est située la ville de Tumi.

> b. *Pays des Zagharites et des Taguïtes ; royaume*
> *de Gaoga de Léon l'Africain, s'étendant depuis*
> *le Bornou jusqu'à la Nubie, dans un espace de*
> *cinq cents milles.*

Zaghara. Ghannîm de Browne. A huit journées
(de vingt-six milles) de Bornou, à l'ouest, est une
ville appelée *Zakari* (Walck. *ibid. pag.* 501 et 505)
et que je crois être la même que Lari.

Angimi. Gidid de Browne.

Somna. Medoua.

Tagua. Zeghawa; Zaghawa d'Ibn-Haukal, à deux

mois du chemin du Fezzan, les journées étant de quinze milles. On voit, d'après cette distance, que cette contrée est trop à l'est sur nos cartes.

Nota. La partie méridionale du pays des *Taguïtes* d'Edrisi répond au Darfour. Le grand lac d'où il faisait sortir le Nil des nègres et le Nil proprement dit, et sur lequel était placée la ville de *Tumi* ou *Tharmi*, serait situé entre les sources du Misselâd et du Bahr-el-Adda.

c. *Nubie.*

NUABIA. Emdourmân, 30° 20′ de longitude.

II. *Pays situés dans le Sahara ou au nord, d'où partent les caravanes qui se rendent dans l'intérieur de l'Afrique, ou se trouvant sur les routes qui y conduisent.*

A. *Occidentaux (à l'ouest du 7ᵉ degré environ de longitude du méridien de Paris).*

AREKE. Akka.

ARCA. Touadeny.

SEGELMASSA. Sidjilmessa.

NEBRINA. Tareknah.

GIRA *Metropolis* de Ptolémée. Houbari des cartes d'Afrique de MM. Lapie et Brué.

B. *Orientaux (à l'est du 7ᵉ degré de longitude du méridien de Paris).*

a. *Au sud du Fezzan.*

AUDAGOST. Agadès de Léon l'Africain et des modernes.

Sagra. Gannat ou Agary; *Geva*? Ptol.

Sama (*Samah* Ibn-Haukal; *Sabia*, encore d'Edrisi?). Açoudi.

Thyciman, Ptol. Assiou?

Badiah, Ptol. Tabou?

Girgeris *Mons*, Ptol. mont Eyrès.

} Pays de Zaghara, ou des Touariks Hagara.

b. *Pays de Pharan* ou *Fezzan.*

Germa ou *Gherma* (*Garama*, Ptol.). Mourzouk.

Tasaoua. Souah; *Bouta*, Ptol.

Vanius, Ptol. Djennet?

Bedirum, Ejusd. Taygaryes?

Nota. *Kasam* d'Ibn-Haukal, à deux mois de Koucou, Gadamès?; *Gelanus*, Ptol.

c. *A l'est du Fezzan.*

Sant-Rie ou Santaryah. Syouâh.

www.ingramcontent.com/pod-product-compliance
Lightning Source LLC
Chambersburg PA
CBHW061756060726
47597CB00007B/2961